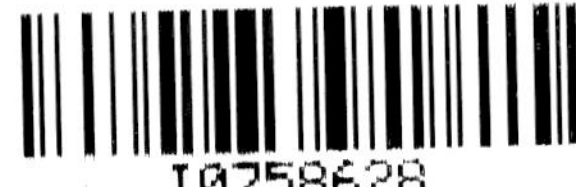

This Book Belongs To

____

____

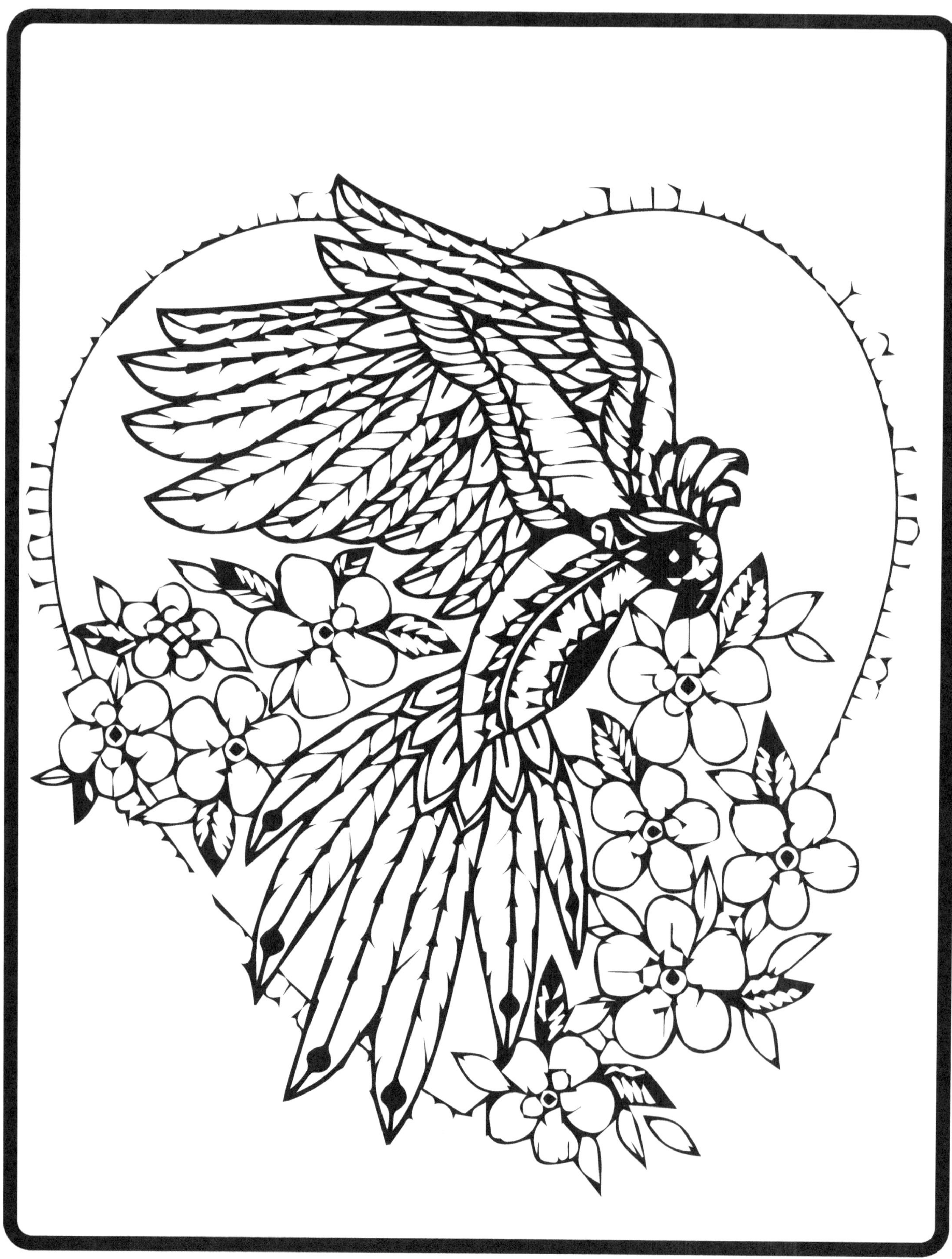

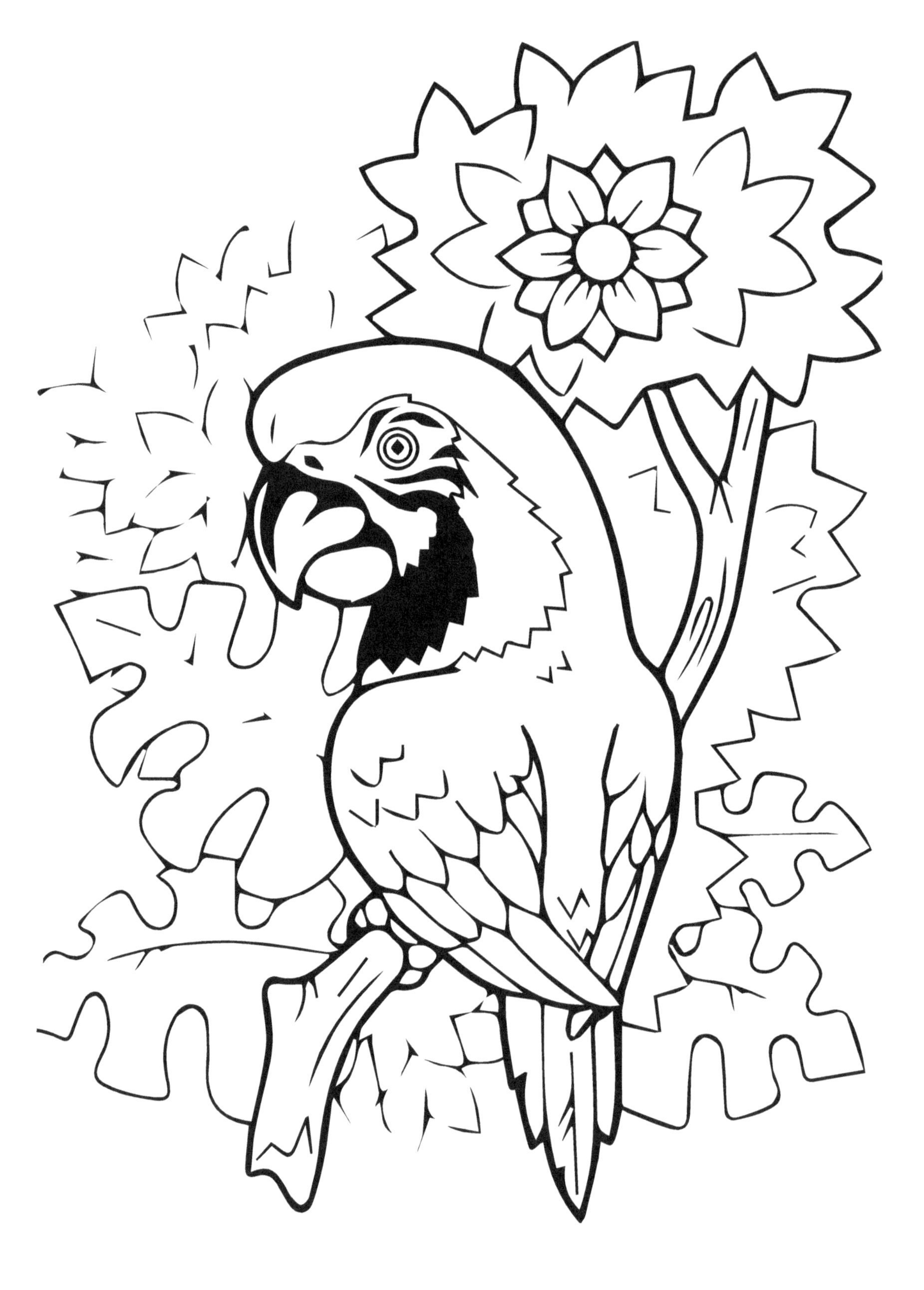

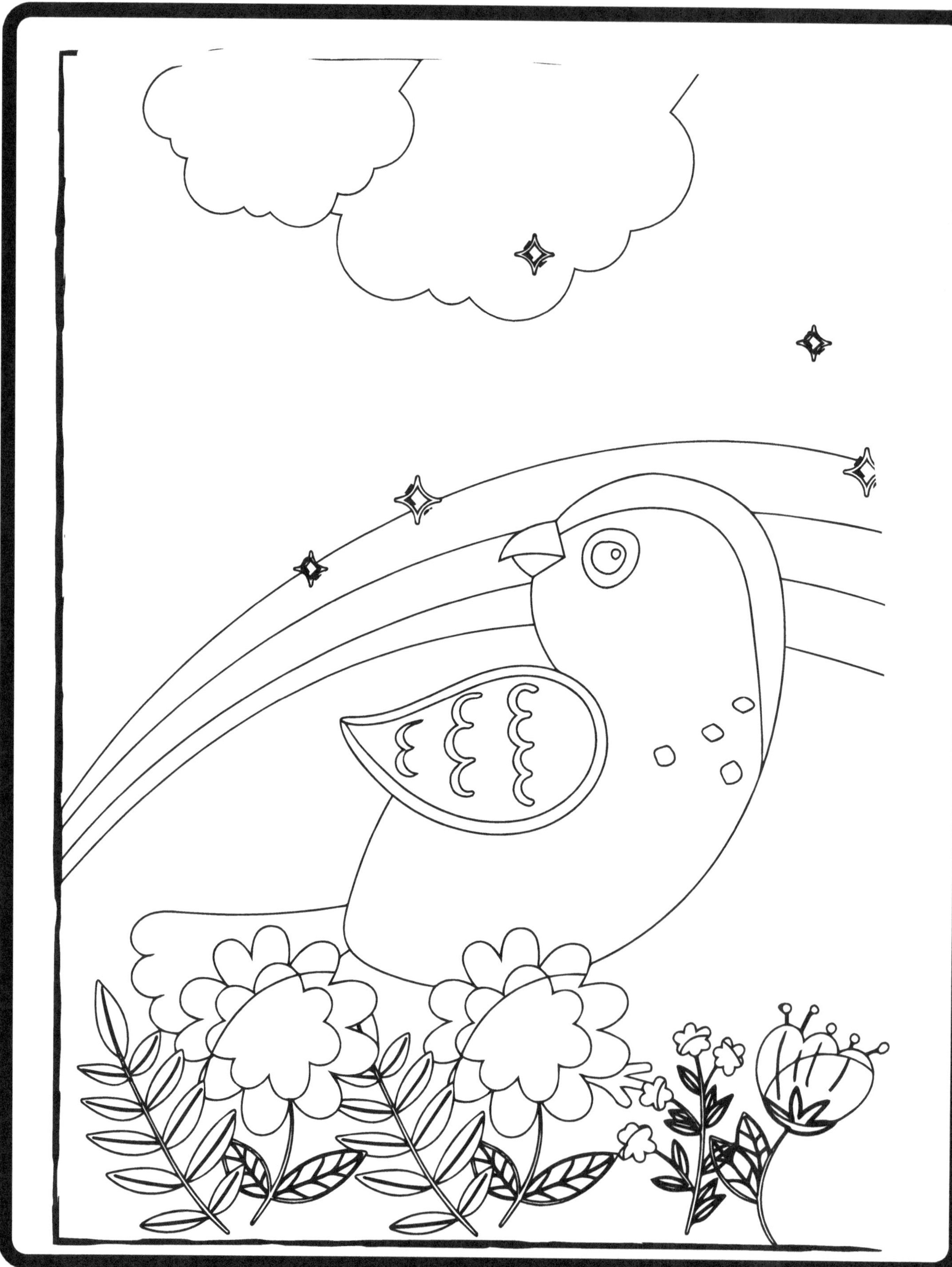

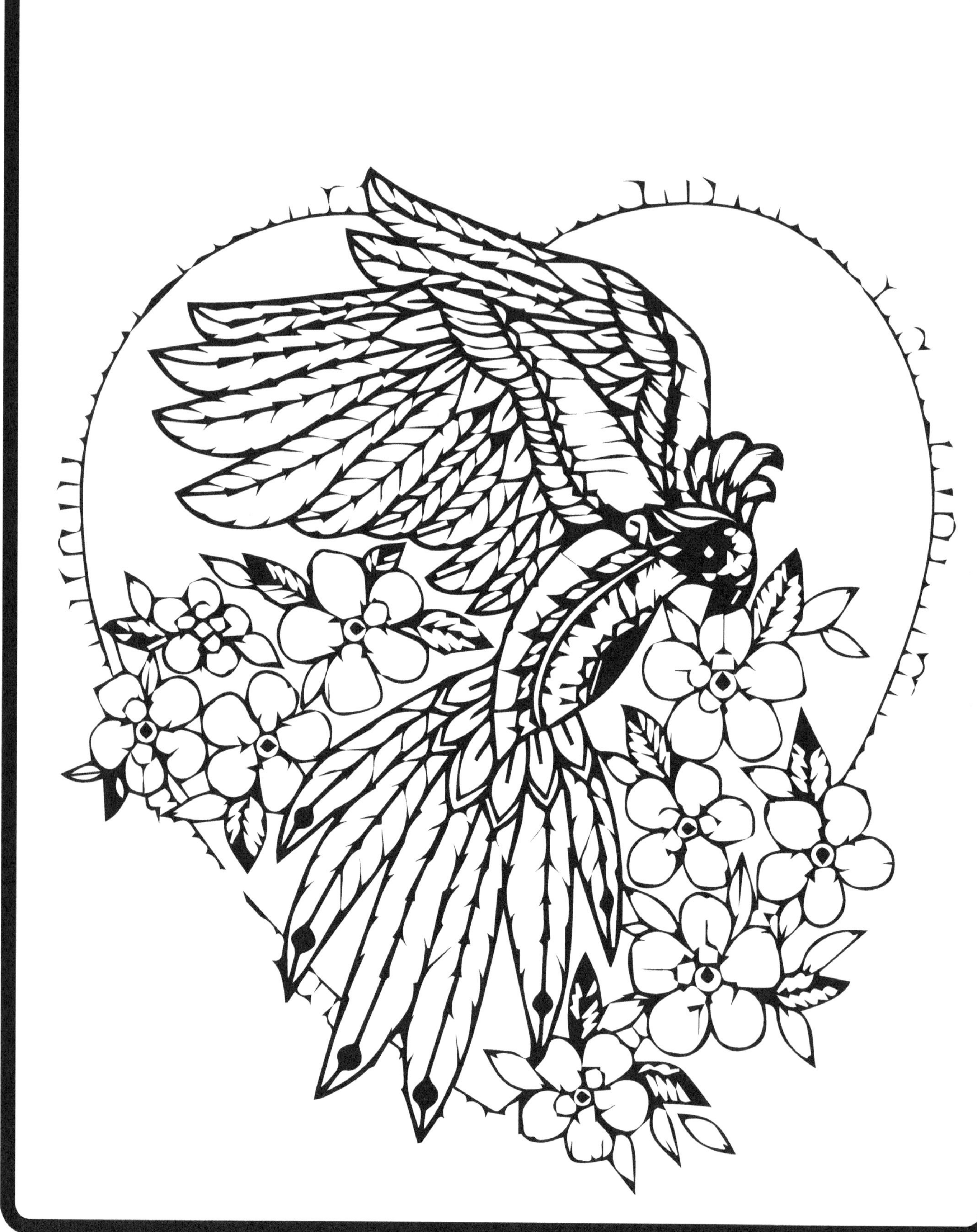

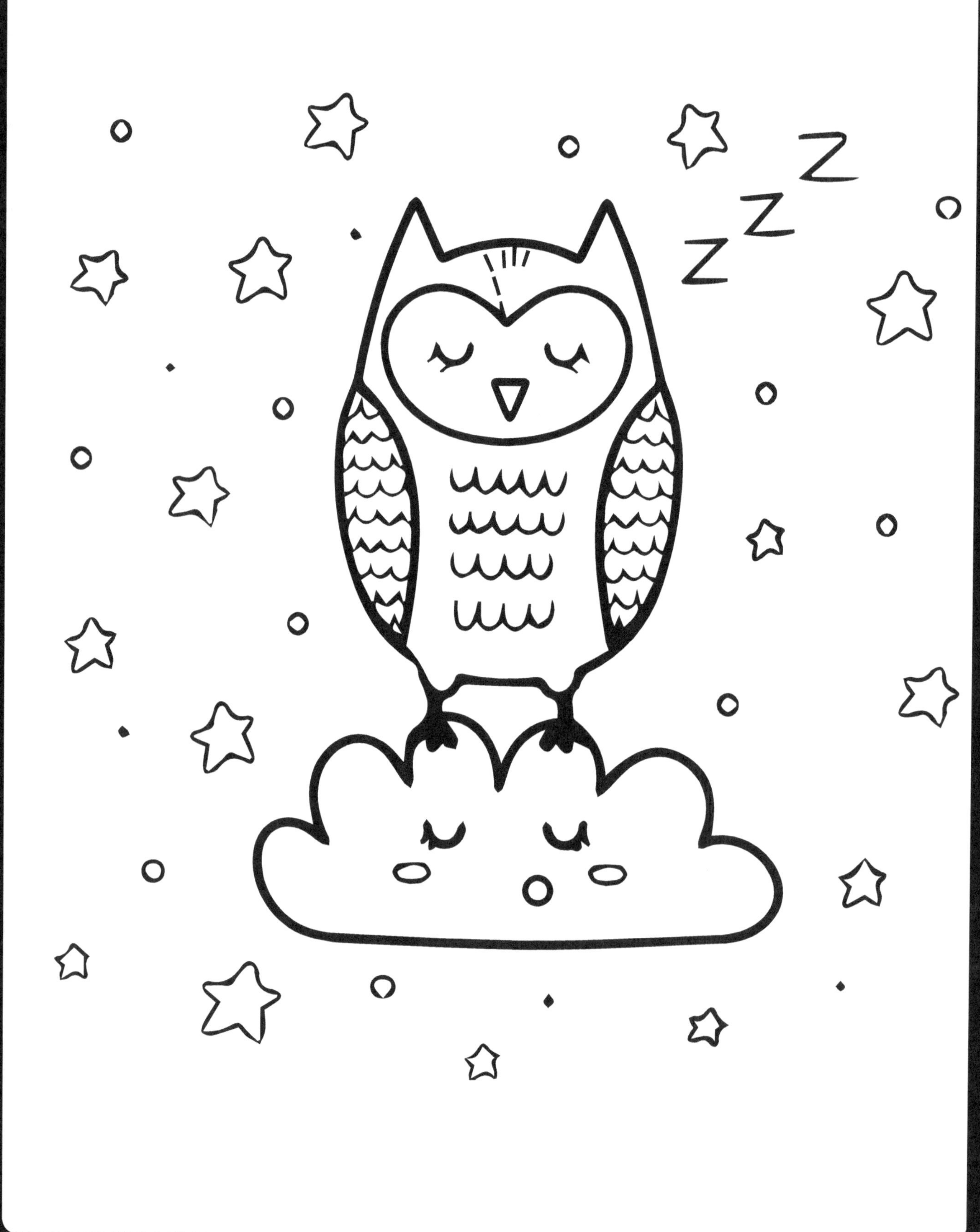

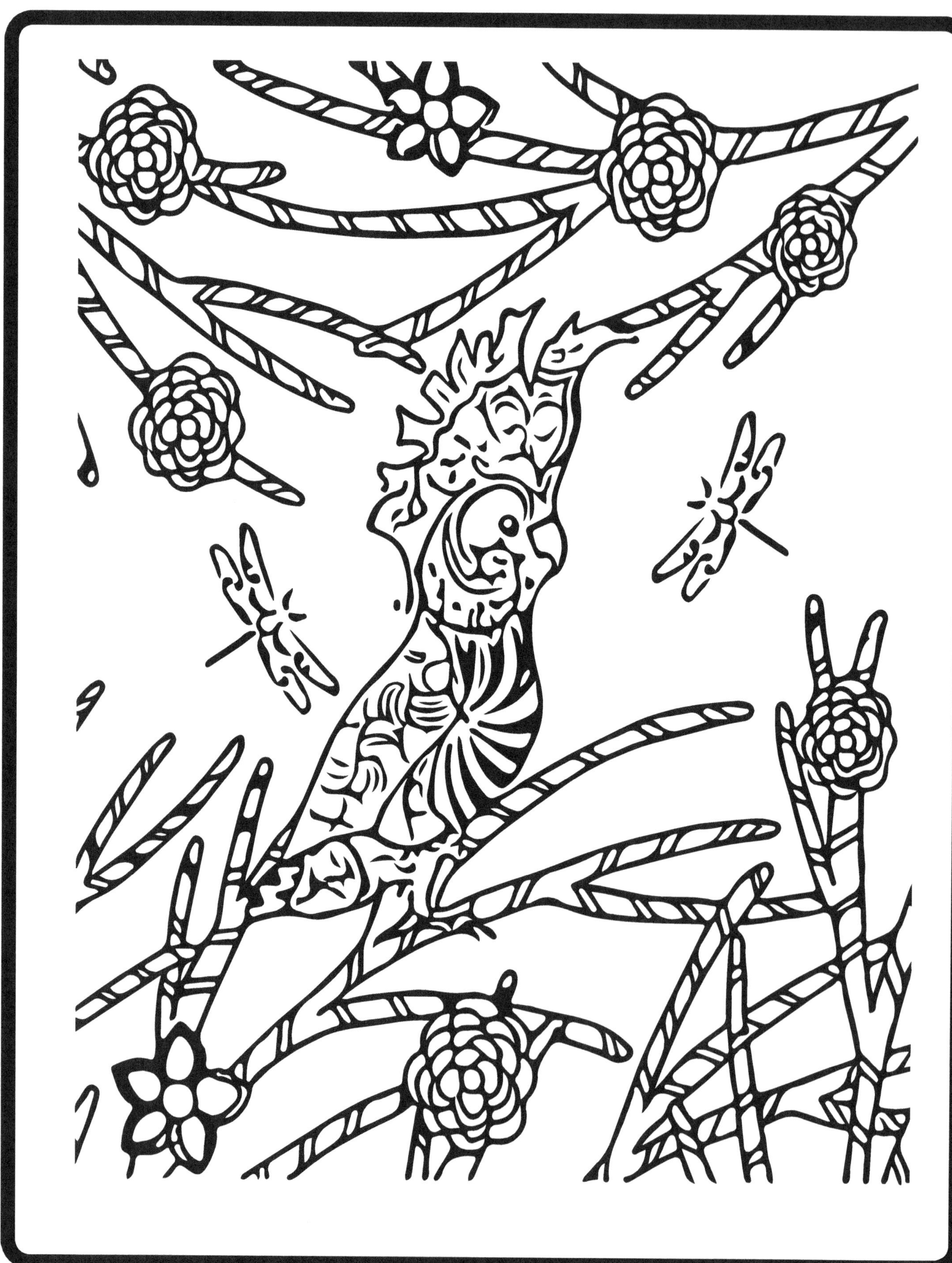

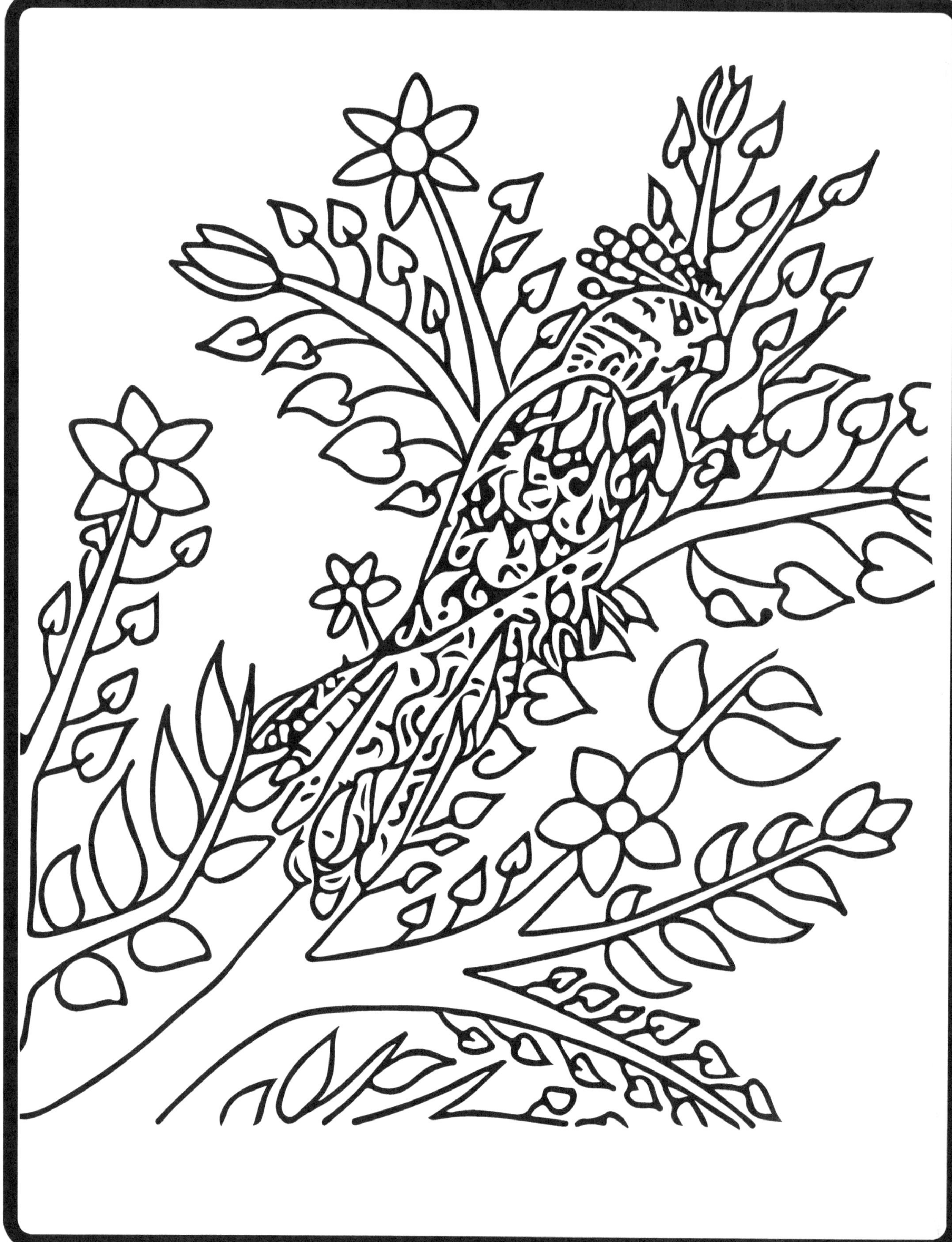

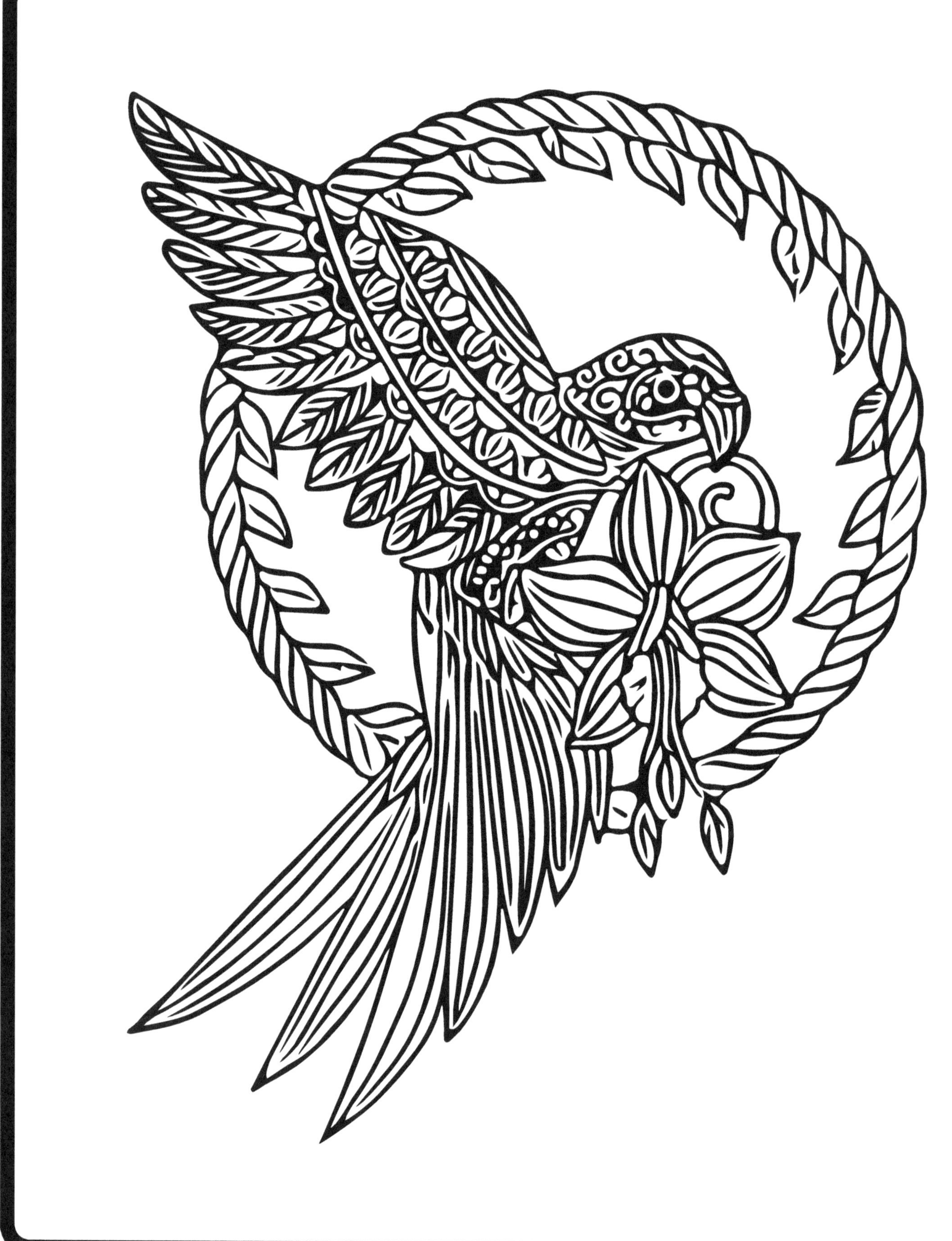

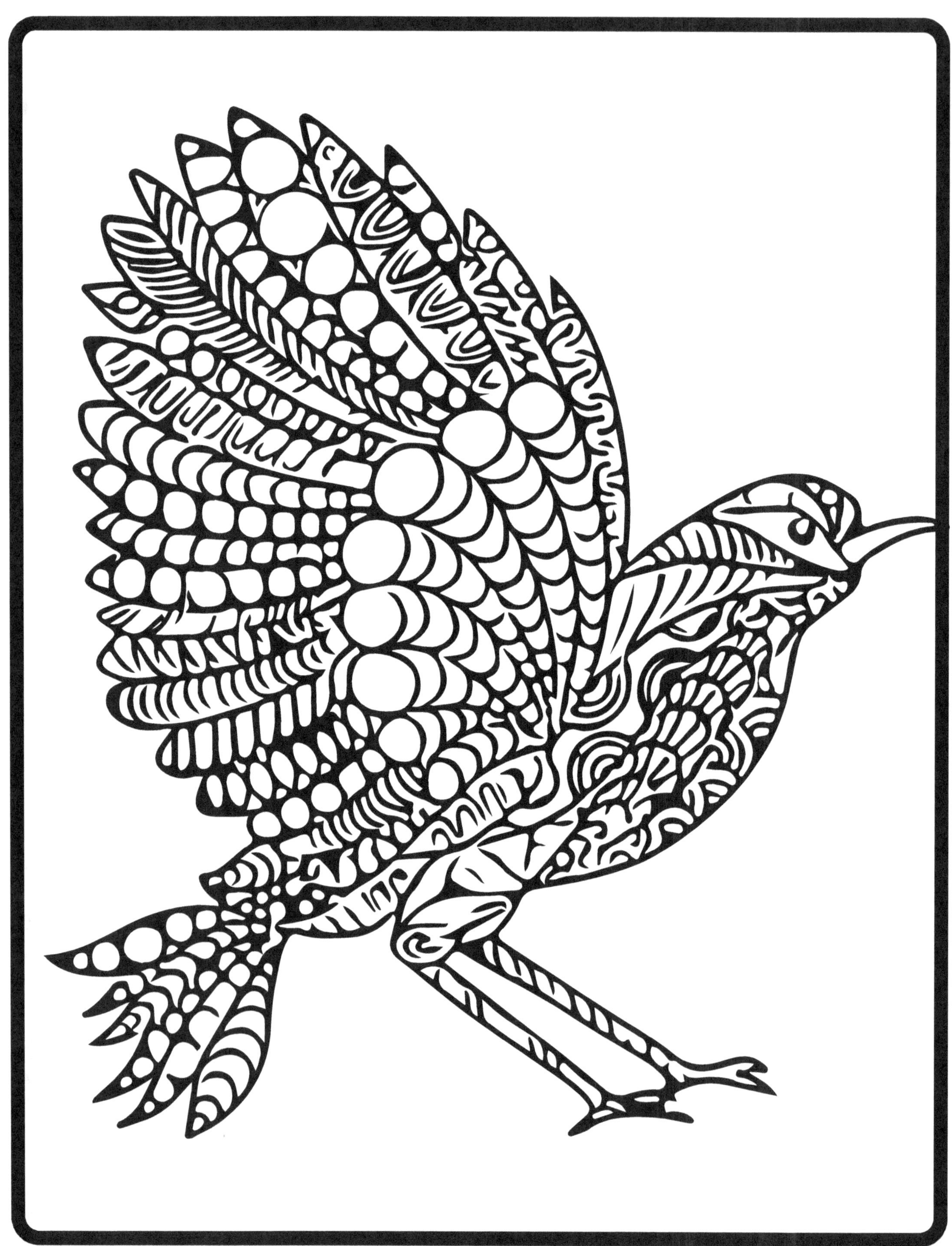

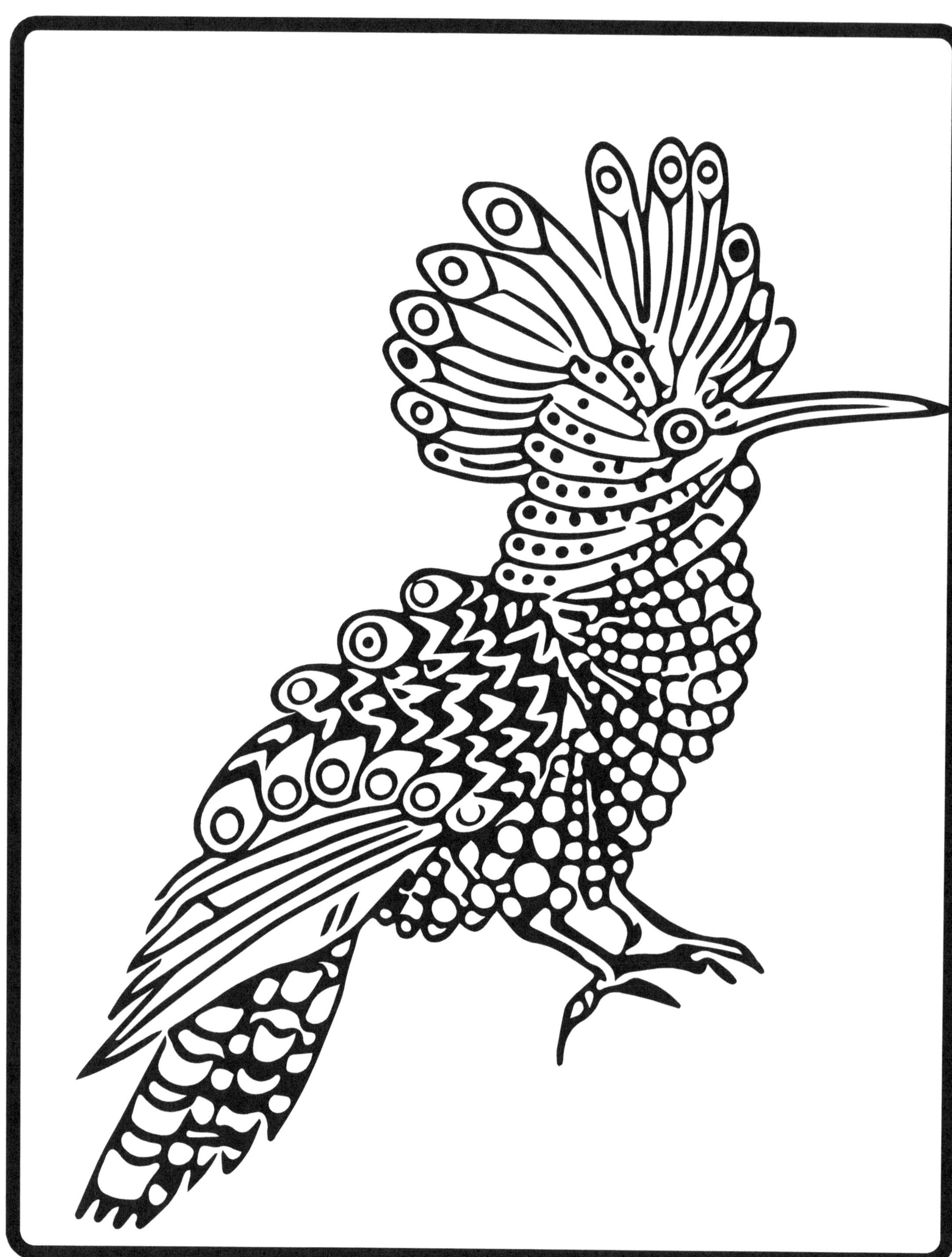

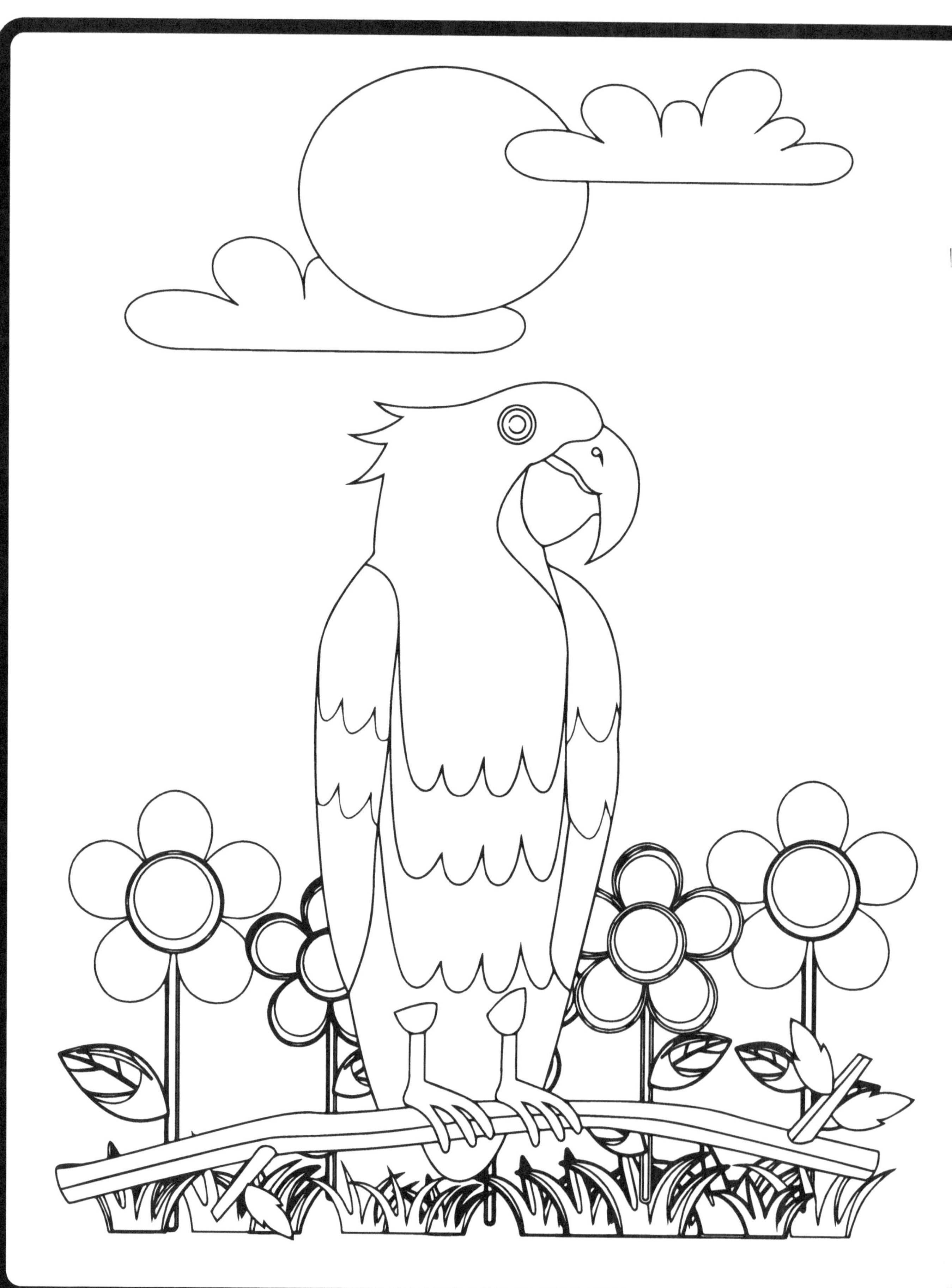

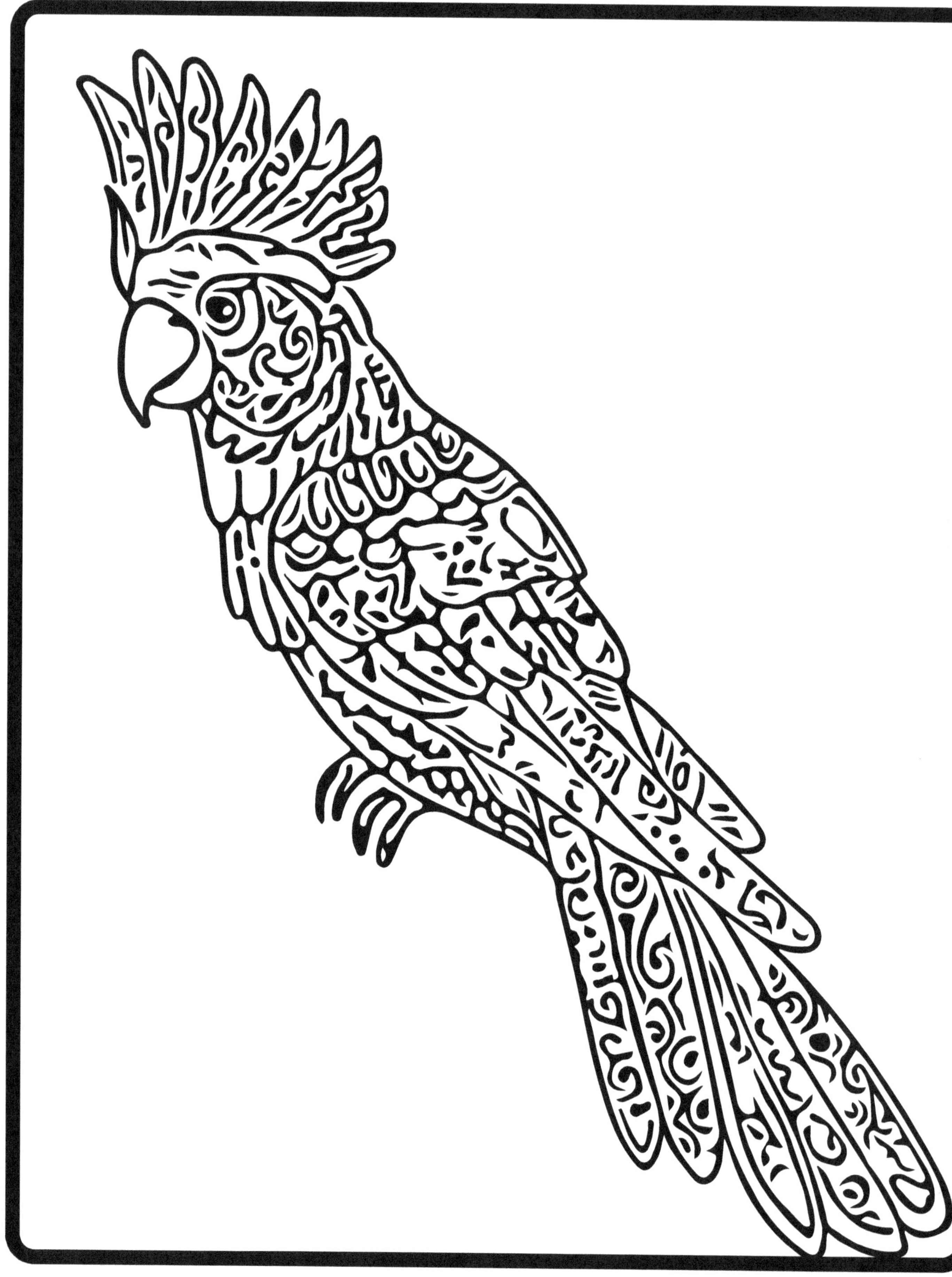

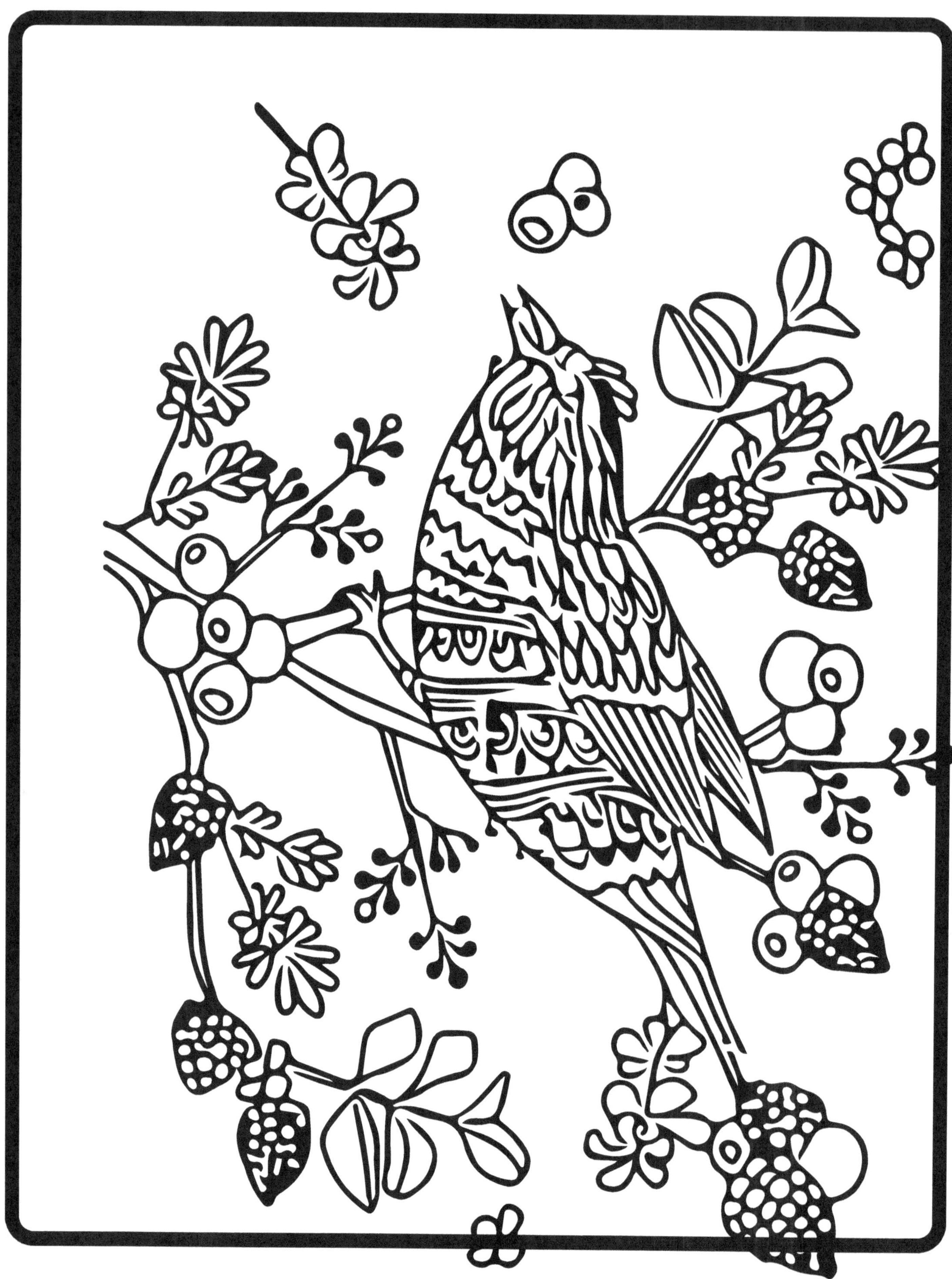

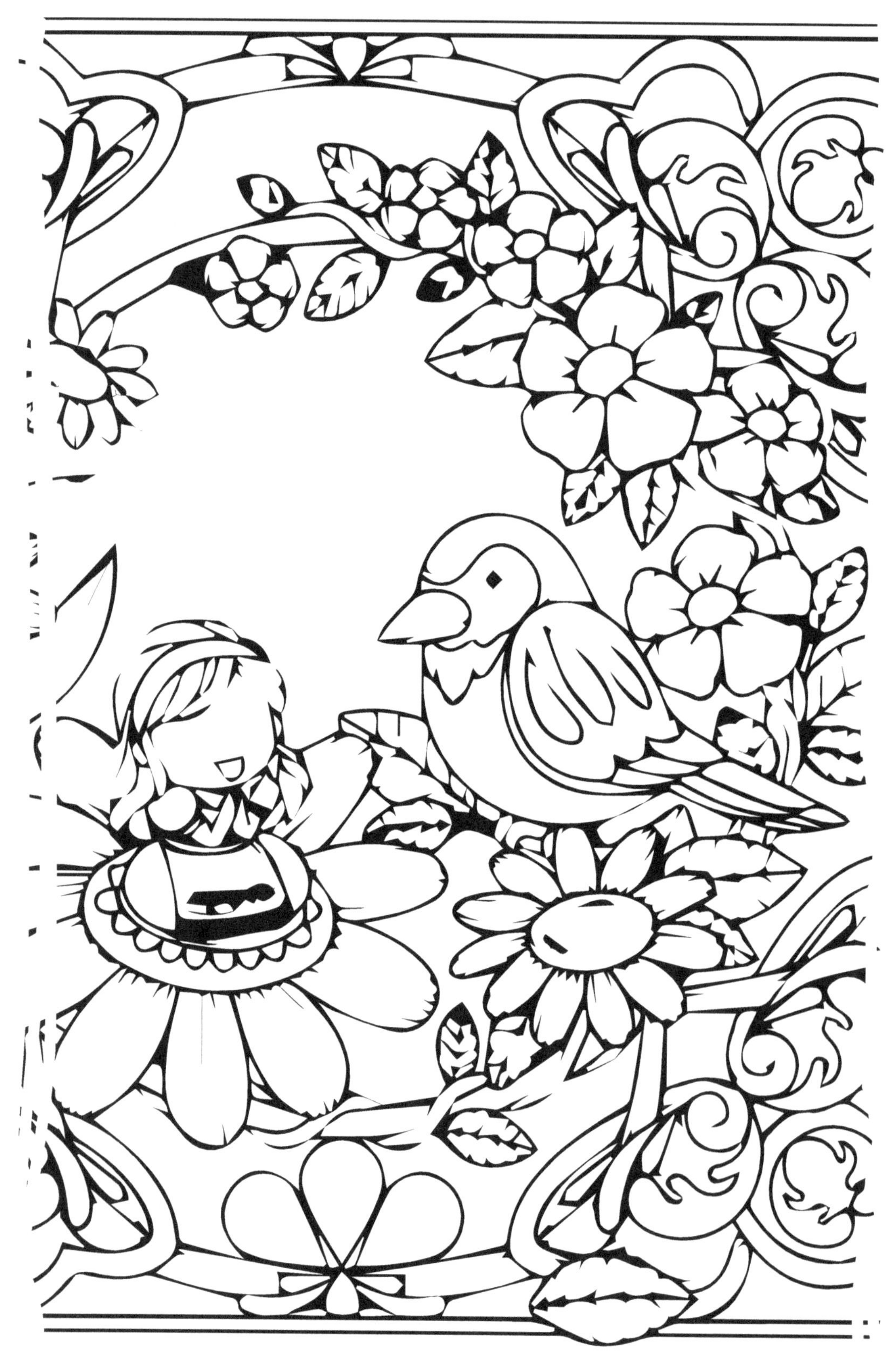

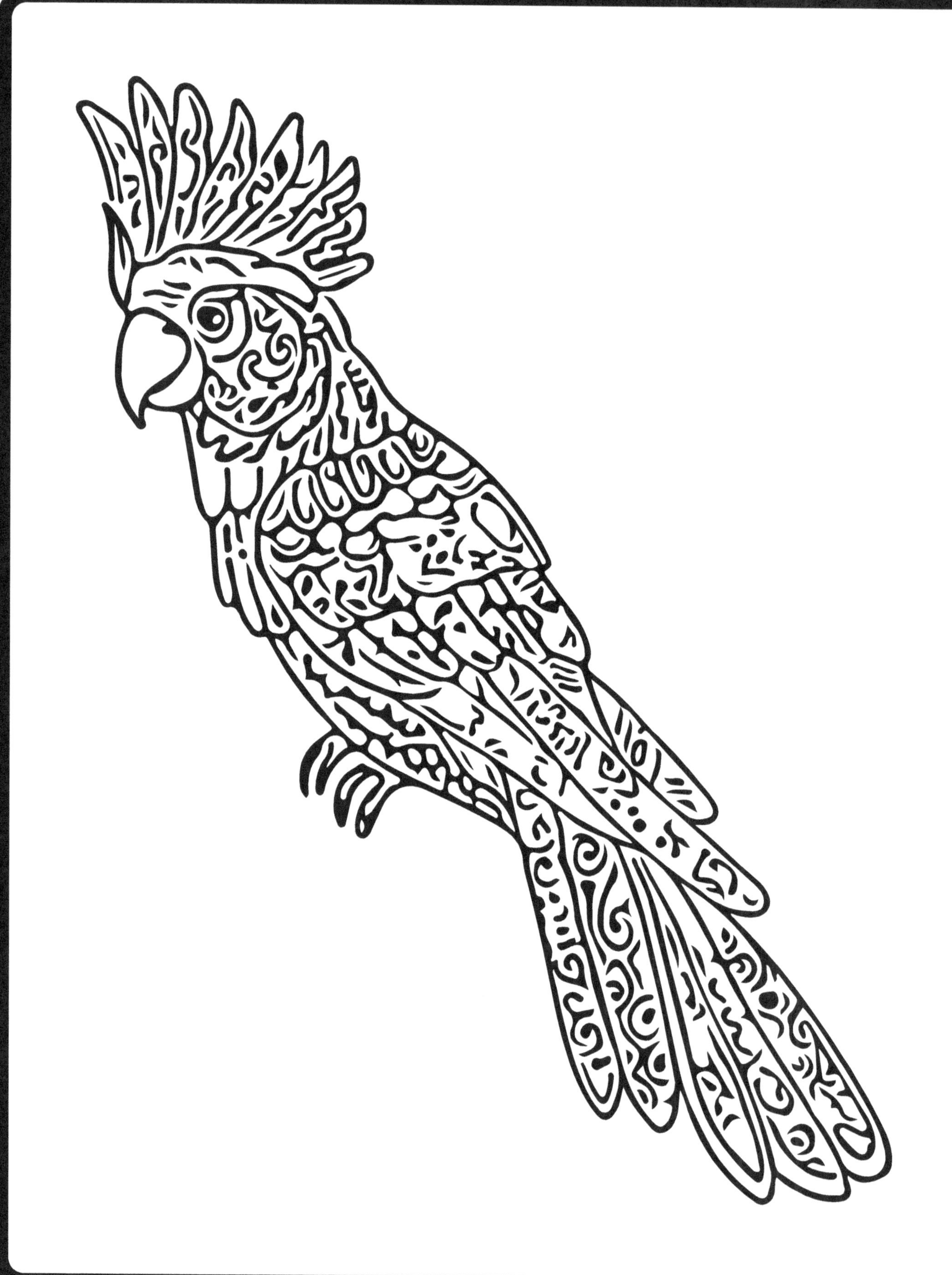

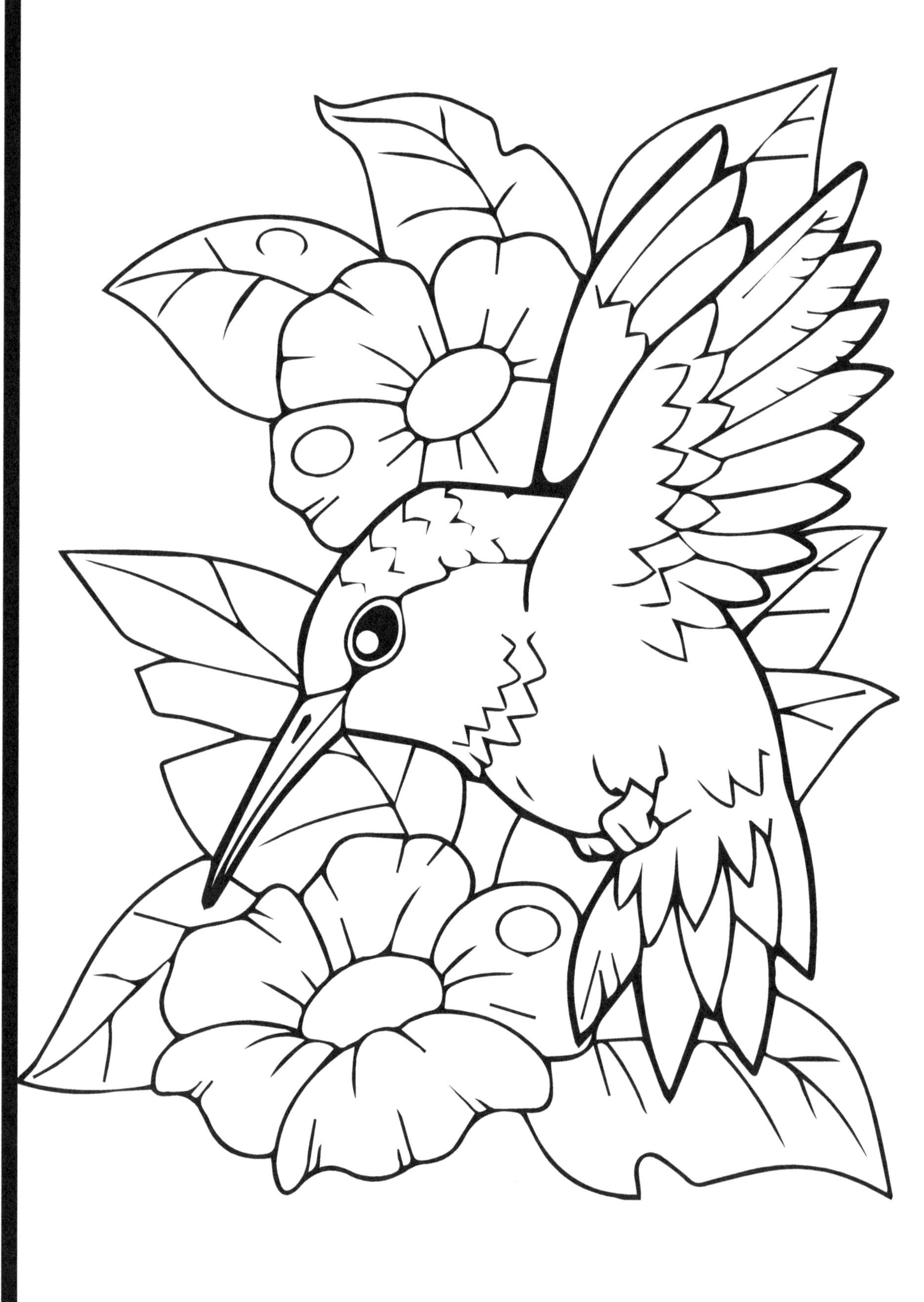

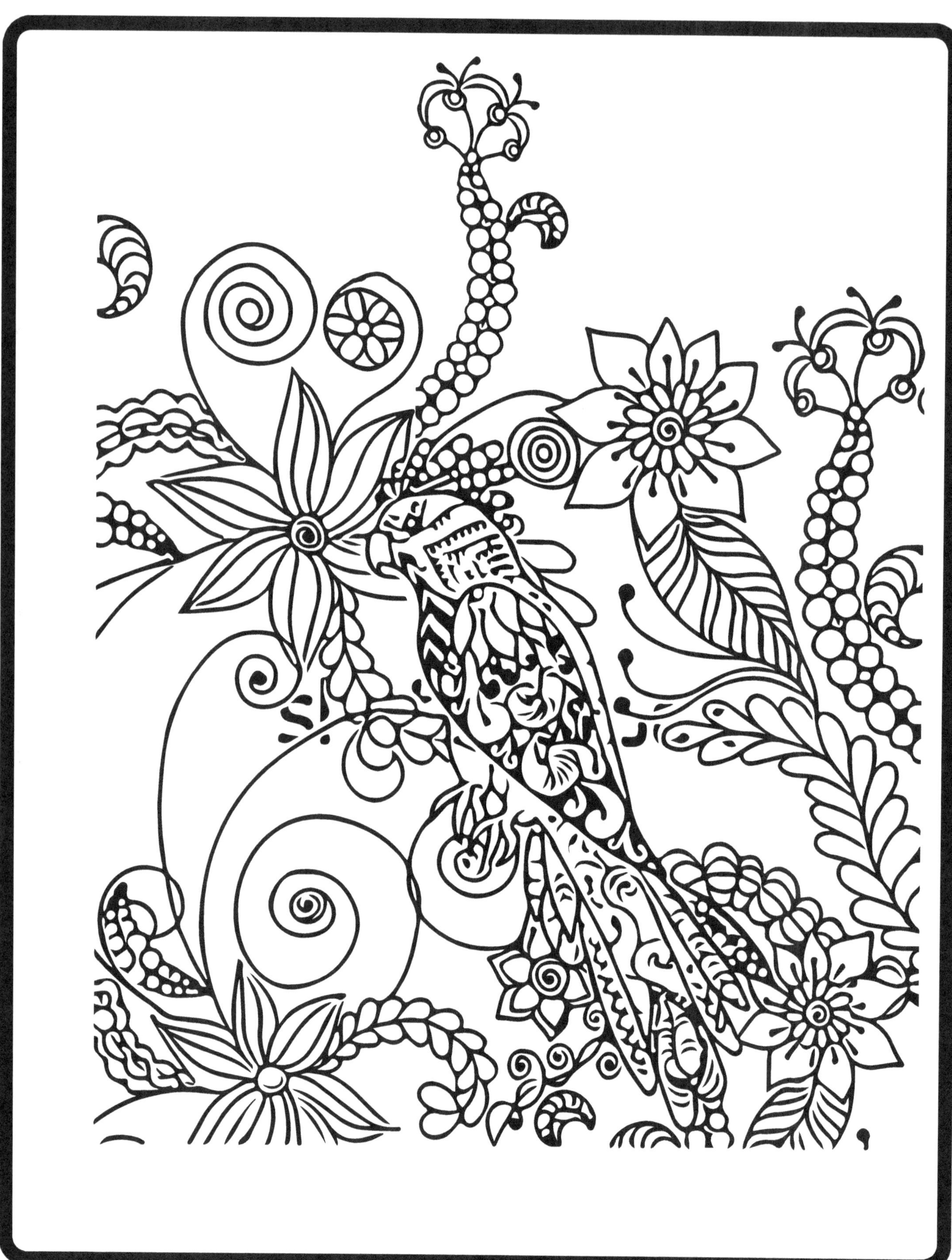

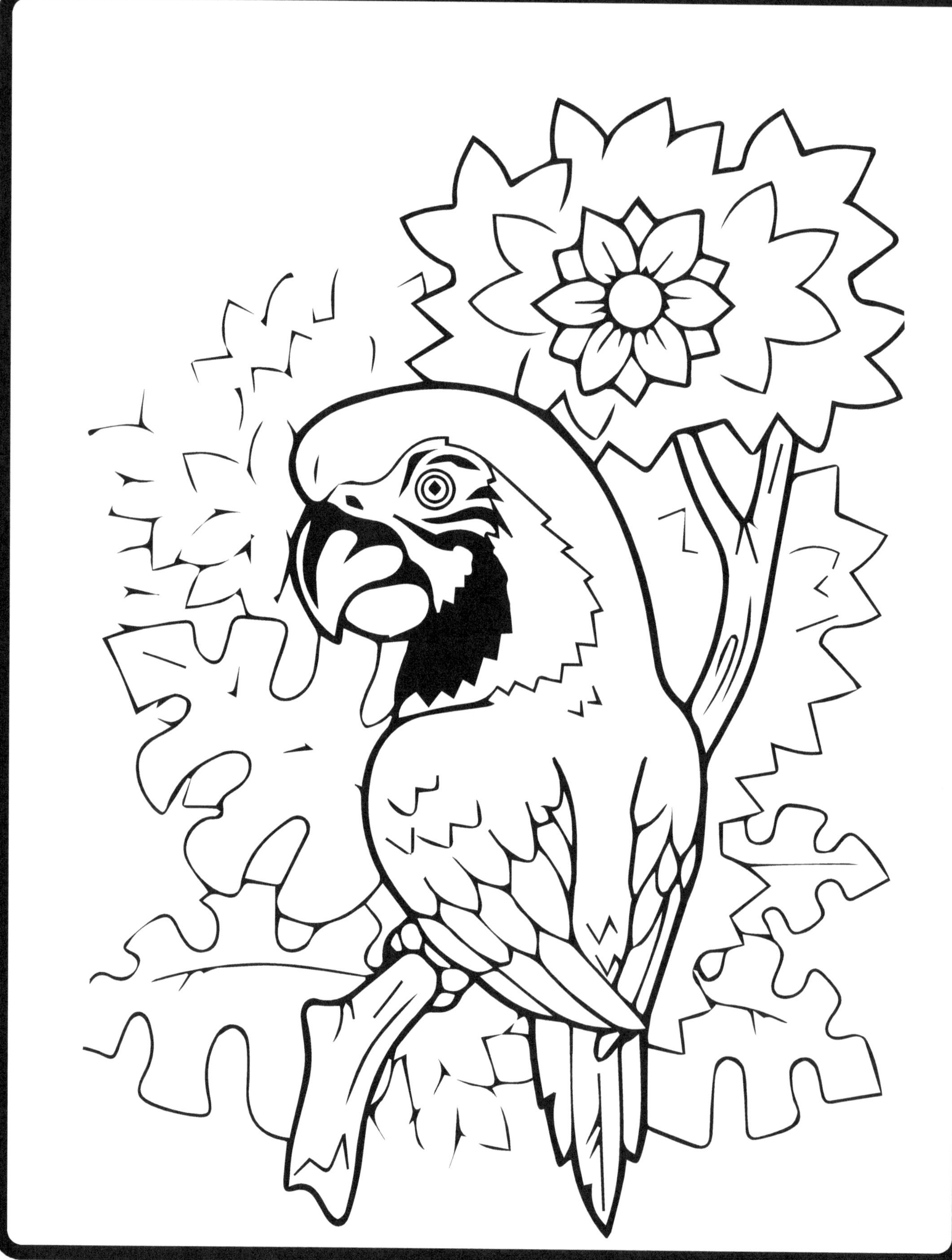

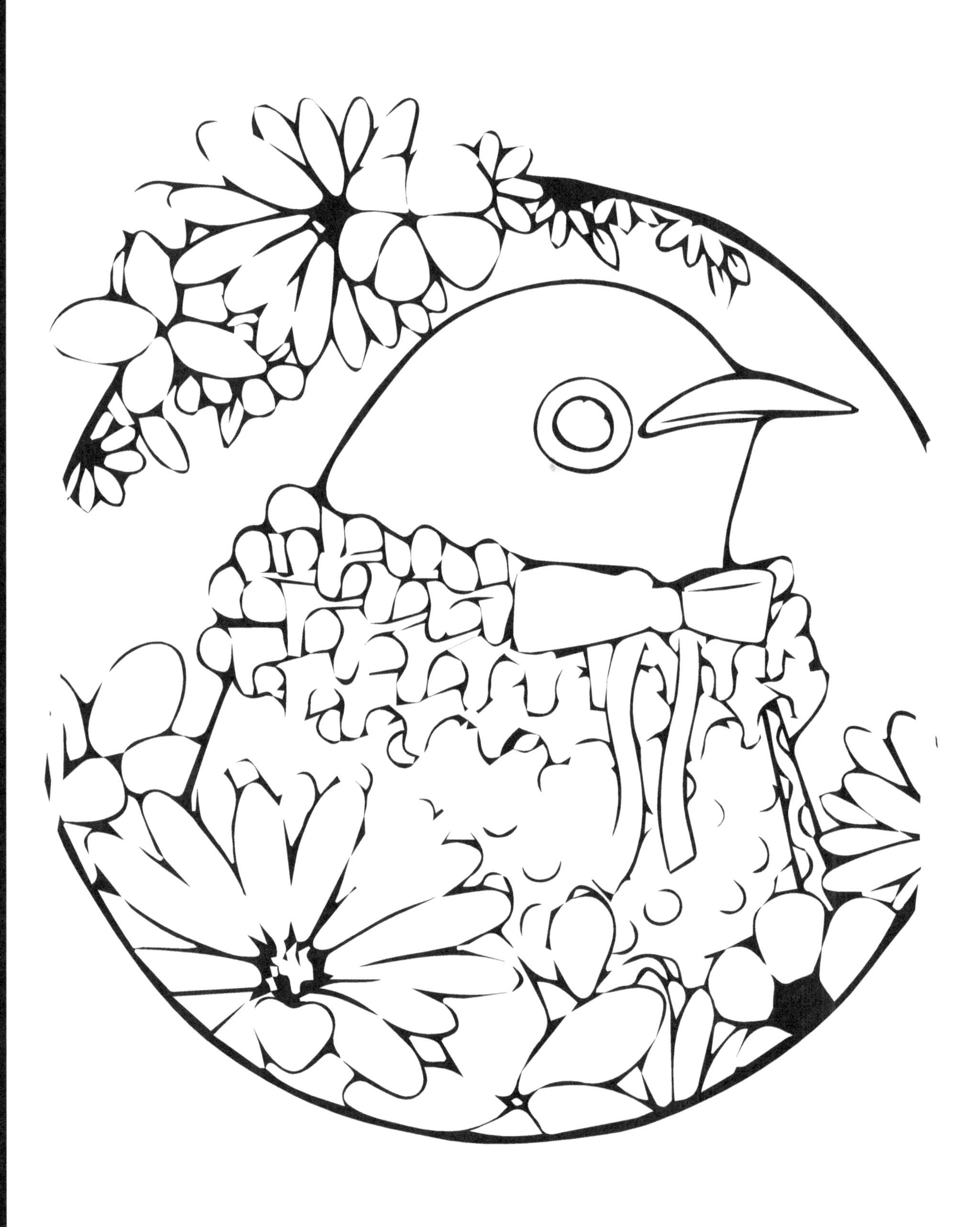

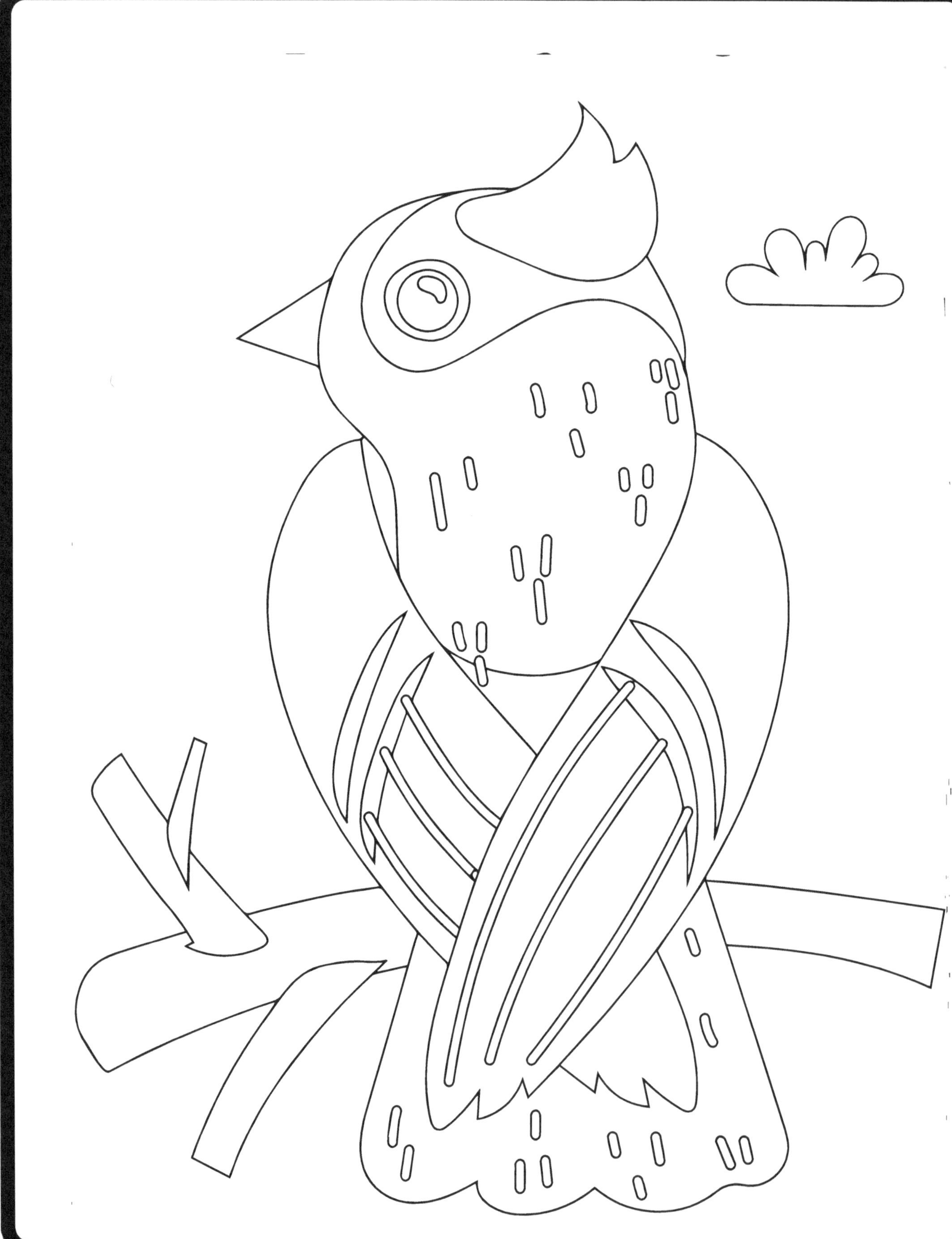

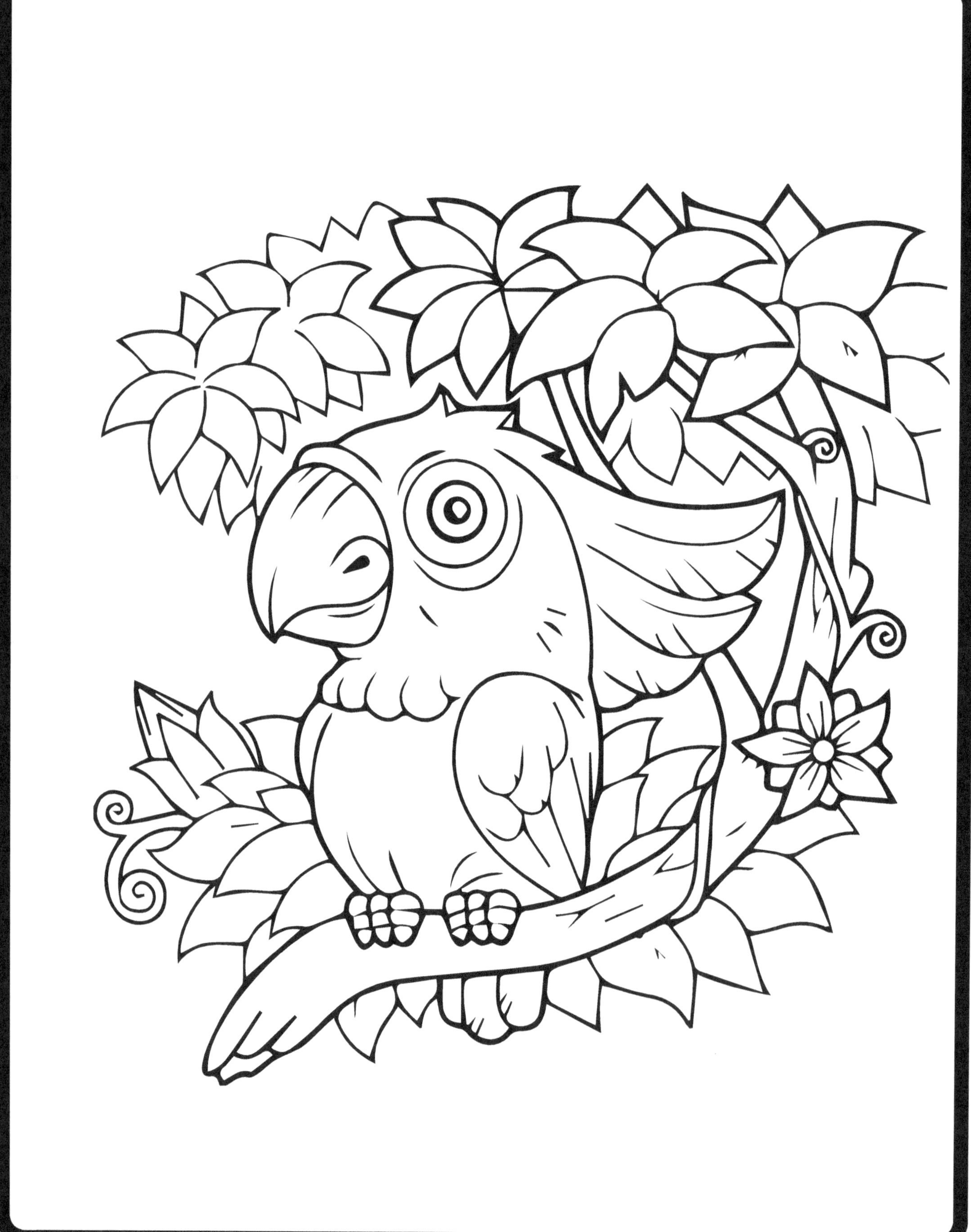

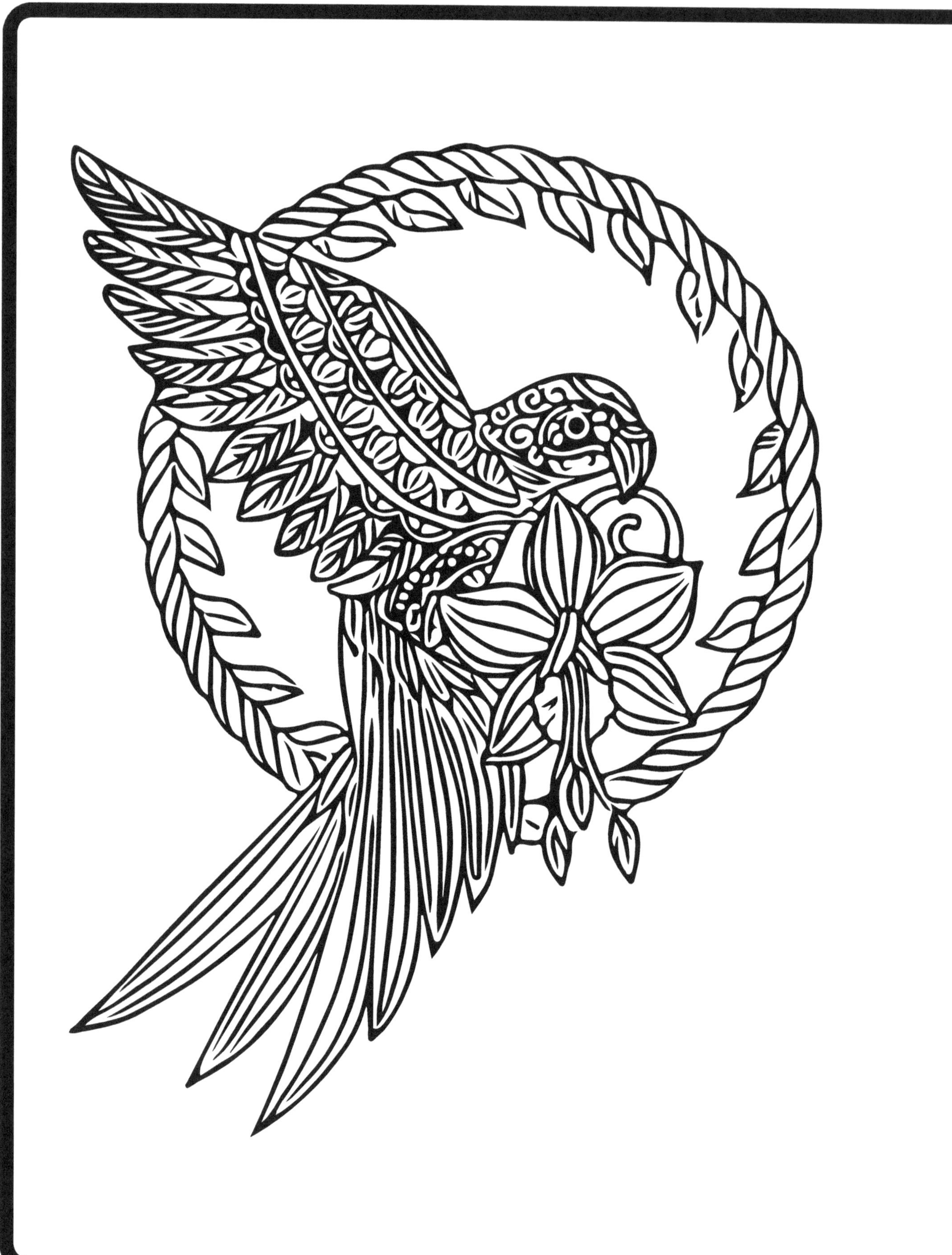

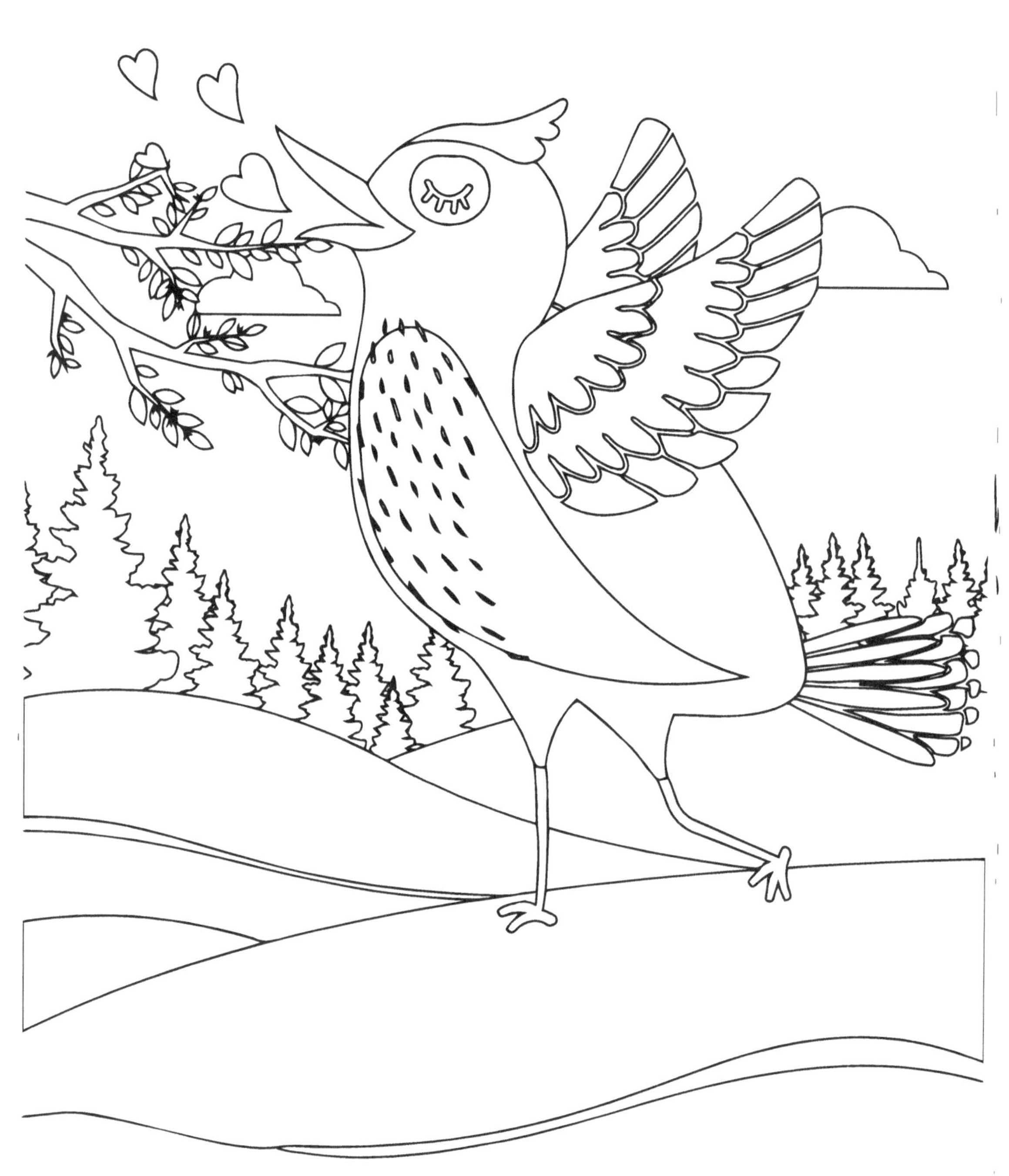

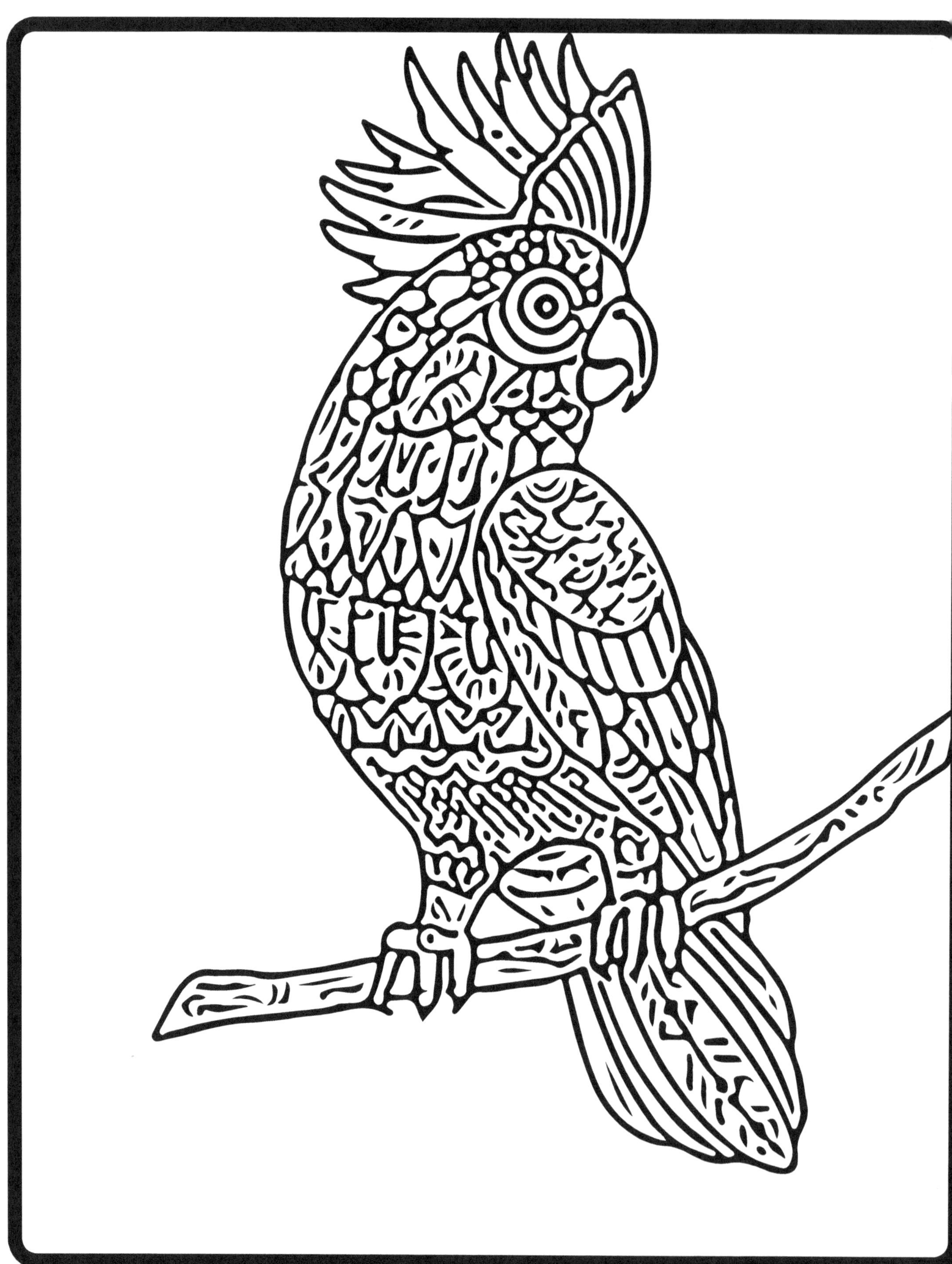

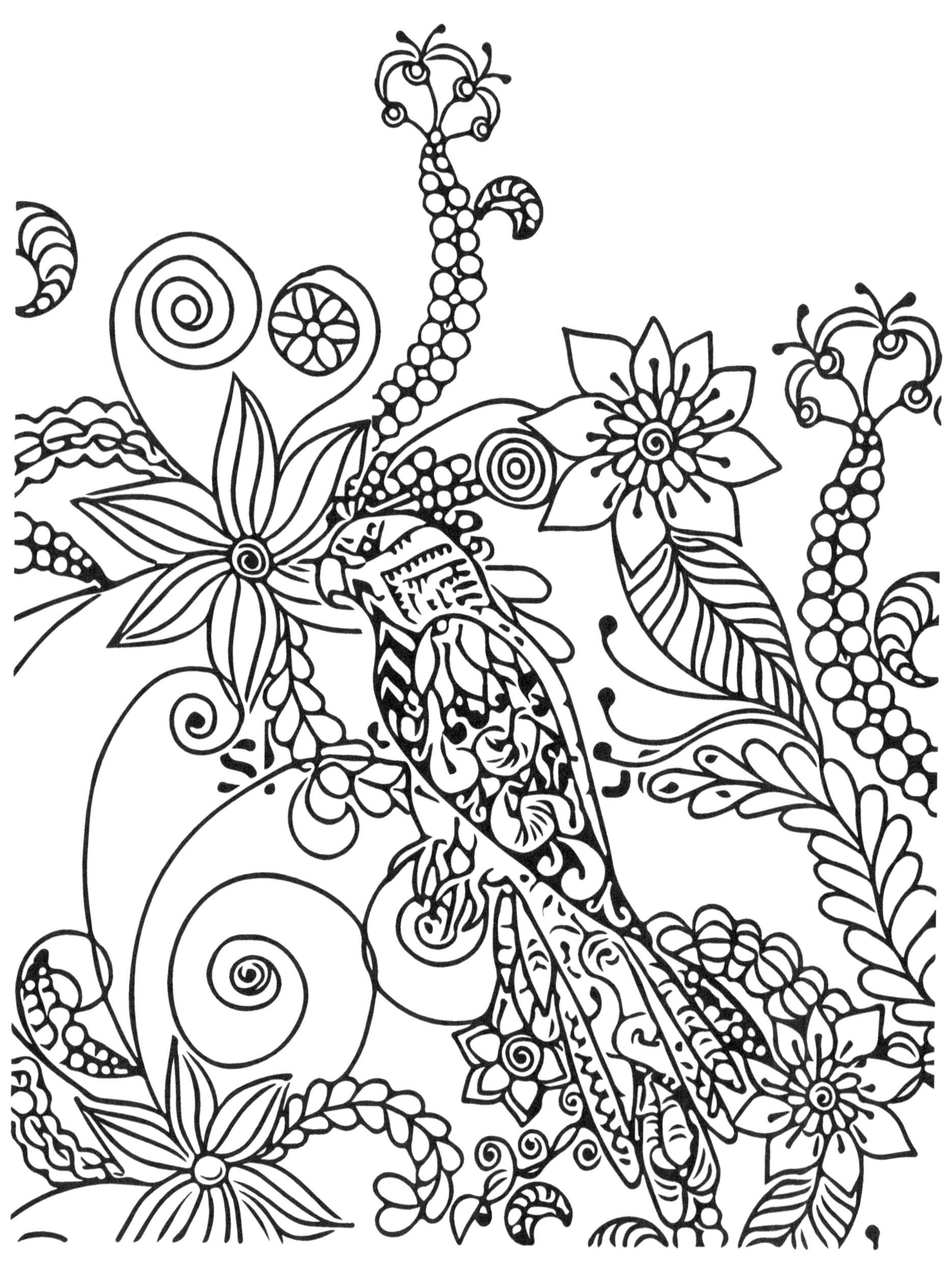

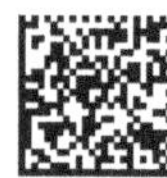